COLLECTION MNISZECH

Tableaux Anciens

ET

MODERNES

Aquarelles, Pastels, Gravures

CATALOGUE

DES

Tableaux Anciens

ET MODERNES

DE DIVERSES ÉCOLES

Aquarelles — Pastels — Dessins

GRAVURES

Cadres en bois sculpté

DONT LA VENTE

Par suite du décès du Comte LÉON MNISZECH

AURA LIEU A PARIS

HOTEL DROUOT, SALLE N° 6

Le Lundi 28 Avril 1902

à deux heures

COMMISSAIRE-PRISEUR	EXPERT
Mᵉ PAUL CHEVALLIER	**M. JULES FÉRAL**
10, rue Grange-Batelière	54, Faubourg-Montmartre

EXPOSITION PUBLIQUE

Le Dimanche 27 Avril 1902

de 1 heure 1/2 à 5 heures 1/2

CONDITIONS DE LA VENTE

Elle sera faite au comptant.

Les Acquéreurs paieront **Dix pour cent** en sus des prix d'adjudication.

DÉSIGNATION

---

1 — Sous ce numéro, qui sera divisé, plusieurs cadres en bois sculpté.

BARBAULT

2 — Jeune femme tenant un panier d'œufs.
3 — Un Postillon.
4 — Dame disant un chapelet.
5 — Grand maréchal de la cour.
6 — Femme maltaise.
7 — Un Gentilhomme.

Six petites peintures pouvant se faire pendants.

Signées.

Toiles. Haut., 24 cent.; larg., 18 cent.

BASSANO

8 — Portrait d'une dame vénitienne.

Toile. Haut., 1 mètre; larg., 80 cent.

BASSEN (Van)

9 — Jésus chez Marthe et Marie.

Bois. Haut., 44 cent.; larg., 65 cent.

BELLOTTO (Bernard)

10 — Vue d'un palais vénitien.

Il est animé de figures. Au premier plan, des gondoles sur un canal.

Toile. Haut., 22 cent.; larg., 16 cent.

BREYDEL (Attribué au Chevalier)

11 — Choc de cavalerie.

Bois. Haut., 12 cent.; larg., 16 cent.

CARRACHE (Attribué au)

12 — La Sibylle de Delphes.

Toile. Haut., 34 cent., larg., 26 cent.

CASANOVA

13 — Marine avec personnages orientaux.

Toile. Haut., 60 cent.; larg., 88 cent.

CLAESZ (Peter)

14 — Vidrecome, réchaud, pipe et objets divers réunis sur une table.

A droite, le monogramme et la date : *1647*.

Bois. Haut., 57 cent.; larg., 45 cent.

CRANACH (Attribué à L.)

15 — Le Christ et la Madeleine.

Bois. Haut., 82 cent.; larg., 66 cent.

CUYP (Attribué à G.)

16 — Portrait allégorique.

Une fillette, assise près d'un cours d'eau, caresse de la main droite un mouton et de l'autre s'appuie sur une ancre.

Toile. Haut., 70 cent.; larg., 88 cent.

DANLOUX (Attribué à)

17 — Portrait d'un conventionnel.

Toile. Haut., 29 cent. ; larg., 22 cent.

DEHASPE

18 — Fruits sur une table.

Aquarelle signée et datée : *1865*.

Haut., 45 cent.; larg., 55 cent.

DE MARNE (Genre de)

19 — L'Étable.

Bois. Haut., 14 cent.; larg., 21 cent.

DIETRICH (Attribué à)

20 — Cerf et biche au bord d'un cours d'eau.

Bois. Haut., 37 cent.; larg., 28 cent.

DIETRICH (Attribué à)

PENDANT DU PRÉCÉDENT

21 — Chien saisissant une oie.

Bois. Haut., 37 cent.; larg., 28 cent.

DOU (D'après G.)

DEUX PENDANTS

22 — La Liseuse.
23 — La Dévideuse.

Gouaches de forme ovale.

Bois. Haut., 8 cent.; larg., 12 cent.

GRAFF (D'après)

24 — Portrait de la princesse de Courlande (?).

Pastel de forme ovale.
Signé et daté : *1792*.

Haut., 87 cent.; larg., 53 cent.

GUIGNET (A.)

25 — Paysage avec rochers.

KRAFT (D'après)

26 — Portrait de la princesse de Courlande.

Assise dans un parc, elle est vue à mi-jambes, les cheveux poudrés et bouclés pendants sur la nuque, robe de mousseline blanche et manteau noir drapé sur l'épaule gauche.
Pastel de forme ovale.

Haut., 35 cent.; larg., 28 cent.

LANCRET (Genre de)

DEUX PENDANTS

27 — Le Joueur de guitare.

28 — La Danseuse.

Bois. Haut., 19 cent.; larg., 12 cent.

LAIRESSE (G. de)

29 — Le Repos de la Sainte Famille.

Bois. Haut., 39 cent.; larg., 50 cent.

LOO (Attribué à)

DEUX PENDANTS

30 — Portrait de Buffon.
31 — Portrait de De Thou.

Peintures en grisailles sur cuivre de forme ovale.

Haut., 44 cent.; larg., 37 cent.

MAAS (Dirck)

32 — Le Départ pour la chasse.

Toile. Haut., 50 cent.; larg., 65 cent.

MAES (Attribué à N.)

33 — Portrait d'homme en longue perruque.
Bois de forme ovale.

Haut., 24 cent.; larg., 19 cent.

MARTINUS

34 — Un Druide.

Signé et daté : *1856*.

Toile. Haut., 56 cent.; larg., 31 cent.

MAYER (Attribué à M^llc)

35 — Portrait de femme en robe blanche.

Assise dans un fauteuil, vue jusqu'à la ceinture, les cheveux châtains courts et frisés.

Toile. Haut., 26 cent.; larg., 20 cent.

MICHEL (Georges)

36 — Paysage d'une vaste étendue.

Au premier plan, un monticule boisé.

Toile. Haut., 54 cent.; larg., 78 cent.

MIGNARD (Attribué à P.)

37 — Portrait d'une princesse.

Toile. Haut., 66 cent.; larg., 50 cent.

MOREELSE (Attribué à)

38 — Fillette tenant une rose.

Debout, vue de face, en robe de soie bleue, en cheveux pendants sur ses oreilles et coiffée d'une toque à plumes blanches et bleues.

Bois. Haut., 96 cent.; larg., 71 cent.

NORBLIN DE LA GOURDAINE

DEUX PENDANTS

39 — Les Bergers galants.

Jolie composition d'après Boucher.

Bois. Haut., 22 cent.; larg., 16 cent.

NORBLIN DE LA GOURDAINE

DEUX PENDANTS

40 — Pastorales.

Gracieuses compositions d'après Boucher.

Bois. Haut., 24 cent.; larg., 19 cent.

ORLOWSKI (A.)

41 — Portrait d'un cosaque.

A cheval, marchant de droite à gauche, armé d'une lance.
Signé.

Toile. Haut., 1 mètre; larg., 75 cent.

ORTMANS (Aug.)

42 — Pêcheurs sur la plage.
Signé et daté : *1864.*

Bois. Haut., 14 cent.; larg., 25 cent.

ORTMANS (Aug.)

43 — Paysage d'un vaste étendue, avec rochers au premier plan.
Toile de forme ronde.

Diam., 58 cent.

ORTMANS (Aug.)

44 — Vue de la forêt de Fontainebleau.
Étude.

Bois. Haut., 15 cent.; larg., 23 cent.

PILLEMENT (Jean)

45 — Le Torrent.

Il coule à droite, entre des rochers. Au centre, deux bergers, entourés de leur troupeau, causent avec une paysanne montée sur un âne.
Signé et daté : *1789*.

Toile. Haut., 44 cent.; larg., 60 cent

PILLEMENT (Jean)

46 — Bergers et leur troupeau se reposant au bord d'un cours d'eau.

Cuivre. Haut., 24 cent.; larg., 32 cent.

POTTER (Genre de Paul)

47 — Petit berger gardant des vaches.

Bois. Haut., 24 cent.; larg., 32 cent.

POURBUS (D'après)

48 — Portrait d'Henri IV en armure.

Toile. Haut., 39 cent.; larg., 27 cent.

POURBUS (Ecole des)

49 — Portrait d'une princesse.

> Bois. Haut., 26 cent.; larg., 10 cent.

REMBRANDT (D'après)

50 — La Descente de croix.

> Bois. Haut., 25 cent.; larg., 20 cent.

REMBRANDT (D'après)

51 — Portrait d'homme.

> Toile. Haut., 27 cent.; larg., 22 cent.

RIGAUD (Attribué à)

52 — Portrait de femme.

> Vue jusqu'à la ceinture, tournée de trois quarts à gauche, elle porte un manteau de velours pourpre, doublé de fourrure, sur sa robe de satin jaune, décolletée et ornée de bijoux sur la poitrine.

> Toile. Haut., 80 cent.; larg., 63 cent.

RUBENS (Ecole de)

53 — Portrait d'homme accoudé sur une console.

> Toile. Haut., 24 cent.; larg., 17 cent.

RYKETY (A.)

54 — Paysage animé de figures.

> Bois. Haut., 25 cent.; larg., 33 cent.

SANTERRE (Attribué à)

55 — Jeune fille pleurant.

> Toile. Haut., 43 cent.; larg., 33 cent.

SCHOEVAERDTS

DEUX PENDANTS

56 — Bords de rivières animés de nombreux personnages.

> Toiles. Haut., 21 cent.; larg., 21 cent.

SOLIMÈNE

57 — Le Festin des dieux.

Esquisse.

> Haut., 35 cent.; larg., 65 cent.

VAN ELVEN

58 — Vue de ville.

> Bois. Haut., 34 cent.; larg., 47 cent.

VAN LOO (Attribué à C.)

59 — Portrait d'un Maréchal.

Toile de forme ovale.

Haut., 20 cent.; larg., 88 cent.

VELAZQUEZ (Attribué à)

60 — Portrait d'Innocent X.

Il est représenté à mi-corps, légèrement tourné vers la droite. Coiffé d'une toque rouge, un col blanc rabattu sur sa pèlerine.

Toile. Haut., 60 cent.; larg., 48 cent.

VIGÉE-LEBRUN (Genre de)

61 — Jeune femme en buste.

Toile. Haut., 35 cent.; larg., 42 cent.

VOGEL

62 — Vues de Varsovie et de ses environs.

Soixante-dix aquarelles.

VOILLE

63 — Portrait de jeune fille.

Vêtue d'une robe blanche décolletée, les cheveux bouclés pendants sur les épaules et ornés d'un ruban rouge, elle est vue jusqu'à la ceinture, tournée vers la gauche.
Signé et daté : *1798*.

Toile. Haut., 62 cent. ; larg., 49 cent.

WOUWERMANS (D'après Ph.)

64 — Cavaliers faisant halte.

Bois. Haut., 25 cent.; larg., 25 cent.

ECOLE ALLEMANDE

65 — Portrait de Szembeck, grand chancelier de la Couronne.

Toile de forme ovale.

Haut., 40 cent.; larg., 32 cent.

ECOLE ALLEMANDE

66 — Portrait d'un seigneur polonais.

Cuivre. Haut., 26 cent ; larg., 20 cent.

ECOLE ALLEMANDE

67 — Portraits du prince et de la princesse Radziwill.

> Bois. Haut., 11 cent.; larg., 8 cent.

ECOLE FLAMANDE

DEUX PENDANTS

68 — Les Musiciens.
69 — Les Buveurs.

> Toiles. Haut., 3o cent.; larg., 25 cent.

ECOLE FLAMANDE

70 — Études de paysages animés de figures.

> Suite de douze petites peintures dans deux cadres.

ECOLE FRANÇAISE

71 — Portrait présumé de M. de Villèle.

> Toile. Haut., 26 cent.; larg., 20 cent.

ECOLE FRANÇAISE

72 — Portrait présumé de l'impératrice Marie-Thérèse.

> Toile. Haut., 75 cent.; larg., 6o cent.

ECOLE FRANÇAISE

73 — Portrait de jeune fille.

Portant une coiffure à turban, avec voile pendant sur les épaules.

Toile. Haut., 23 cent. ; larg., 17 cent.

ECOLE FRANÇAISE

74 — Portrait de M. de Villefli.

A mi-corps, de trois quarts à droite, en cuirasse, col de dentelle, les cheveux longs grisonnants pendants sur les épaules.

Toile. Haut., 80 cent.; larg., 58 cent.

ECOLE FRANÇAISE

75 — Portrait d'un seigneur polonais.

Toile de forme ovale.

Haut., 68 cent.; larg., 55 cent.

ECOLE FRANÇAISE

76 — Portrait d'un officier en cuirasse.

Toile. Haut., 75 cent.; larg., 62 cent.

ECOLE FRANÇAISE

77 — Le Repas champêtre.

Dessus de porte.

Toile. Haut., 47 cent.; larg., 76 cent.

ECOLE FRANÇAISE

78 — Portrait présumé de Mme Geoffrin.

En buste, vêtue de blanc, elle est vue de
trois quarts, tournée vers la gauche, un fichu
noir, posé sur le bonnet blanc, est noué sous
le menton.
Pastel de forme ovale.

Haut., 44 cent.; larg., 35 cent.

ECOLE FRANÇAISE

79 — Portrait d'homme.

Toile de forme ovale.

Haut., 54 cent.; larg., 43 cent.

ECOLE FRANÇAISE

80 — Étude d'après trois tableaux, sur le
même panneau.

Toile. Haut., 22 cent.; larg., 3o cent.

ECOLE HOLLANDAISE

81 — Portrait de femme tenant des fleurs.

Toile. Haut., 40 cent.; larg., 31 cent.

ECOLE HOLLANDAISE

82 — Paysage accidenté animé de figures.

Au centre, sur un rocher, la lettre D.

Bois. Haut., 26 cent.; larg., 35 cent.

ECOLE HOLLANDAISE

83 — Portrait d'homme.

A mi-corps, tourné vers la droite, vêtement noir et large fraise autour du cou.

Bois. Haut., 64 cent.; larg., 48 cent.

ECOLE HOLLANDAISE

84 — Portrait d'un gentilhomme à collerette.

Cuivre de forme ronde.

Diam., 8 cent.

ECOLE HOLLANDAISE

85 — Paysage avec figures.

Toile. Haut., 35 cent.; larg., 61 cent.

ECOLE ITALIENNE

(XVIIIe SIÈCLE)

86 — Vue d'une ville baignée par une rivière.

Au premier plan, un bac passant un cavalier et de nombreux personnages. Plusieurs figures au repos, à l'ombre de grands arbres. A gauche, un carrosse suit un chemin tournant.

Dans le fond, les maisons de la ville reliées par plusieurs ponts.

Toile. Haut., 85 cent.; larg., 1 m. 73.

ECOLE ITALIENNE

87 — Portrait d'homme.

En buste, de face, en habit noir, collerette blanche.

Toile. Haut., 56 cent.; larg., 48 cent.

ECOLE ITALIENNE

88 — Tête d'ange.

Toile. Haut., 32 cent.; larg., 25 cent.

ECOLE VÉNITIENNE

89 — Portrait d'un seigneur.

Assis, vu jusqu'aux genoux, en costume d'apparat, le bras droit accoudé sur une console, la main gauche caressant un petit chien.

Toile. Haut., 1 m. 15; larg., 98 cent.

ECOLE VENITIENNE

90 — Portrait de femme âgée.

> Assise, vue de face et à mi-corps, elle porte un corsage décolleté, les épaules couvertes d'un fichu blanc, un tablier serré autour de la taille.
>
> Toile. Haut., 66 cent.; larg., 49 cent.

91 — Cadre en bois sculpté, contenant, au centre, une miniature portrait d'homme, et sept petites peintures de diverses écoles, portraits d'hommes ou de femmes.

92 — Sous ce numéro, tableaux, dessins, aquarelles, gravures, non catalogués.

www.ingramcontent.com/pod-product-compliance
Lightning Source LLC
LaVergne TN
LVHW011011180726
843502LV00007B/2467